EDELVAN JOSÉ DOS SANTOS

Novena a São Carlo Acutis

EDITORA
SANTUÁRIO

Direção editorial:
Pe. Fábio Evaristo R. Silva, C.Ss.R.

Revisão:
Luana Galvão

Coordenação editorial:
Ana Lúcia de Castro Leite

Diagramação e capa:
Mauricio Pereira

Copidesque:
Sofia Machado

Textos bíblicos extraídos da *Bíblia de Aparecida*, Editora Santuário, 2006.

ISBN 978-65-5527-506-3

2ª impressão

Rua Pe. Claro Monteiro, 342 – 12570-045 – Aparecida-SP
Tel.: 12 3104-2000 – Televendas: 0800 - 0 16 00 04
www.editorasantuario.com.br
vendas@editorasantuario.com.br

Carlo Acutis

Nascido em Londres, em 3 de maio de 1991, e filho de pais italianos – Andrea Acutis e Antonia Salzano –, Carlo Acutis recebeu o sacramento do Batismo em 18 de maio desse ano, na igreja de Nossa Senhora das Dores, situada na capital inglesa. Em setembro de 1991, a família de Carlo regressou à cidade italiana de Milão.

Aos sete anos, em 16 de junho de 1998, ele recebeu sua Primeira Comunhão, mais cedo do que de praxe, pela permissão do diretor espiritual, padre Ilio Carrai, e do arcebispo Pasquale Macchi. O Sacramento da Confirmação foi recebido em 24 de maio de 2003, na igreja de Santa Maria Segreta, pelas mãos de Dom Luigi Testore.

Aos catorze anos, no colégio do Instituto Leão XIII de Milão, sua personalidade marcante desenvolveu-se expressivamente durante sua permanência nessa instituição, sob direção dos padres jesuítas. Tão logo, ele e outro estudante de Engenharia da Computação ficaram encarregados de cuidar do site da paróquia de Santa Maria Segreta. Apesar de seus estudos exigirem muito de si, ele decidiu, por iniciativa própria, preparar as crianças para a Confirmação, ministrando o Catecismo.

Devido a sua amabilidade e ao jeito alegre e risonho, Carlo sempre foi o centro das atenções entre os amigos que eram auxiliados por ele no uso do computador e de seus programas. São muitas as declarações de reconhecimento de suas habilidades na área da Informática e de total disponibilidade de servir com carinho seus colegas de escola e qualquer pessoa necessitada de ajuda, incluindo os familiares.

Uma das peculiaridades de Carlo era seu desejo incessante de passar grande parte das férias em Assis, na casa de sua família. Ali aprendeu a admirar São Francisco e com ele desenvolveu o respeito pela criação de Deus e a ternura com os mais pobres.

Sua espiritualidade era alicerçada pelo encontro diário com Jesus na Eucaristia. Carlo sempre repetia: "A Eucaristia é minha estrada para o céu!" O centro de sua existência foi viver na sincera amizade com Deus. Logo após a Primeira Comunhão, Carlo começou a frequentar a Santa Missa todos os dias.

Seguindo o exemplo dos pastorinhos de Fátima, apresentava modestos sacrifícios pelas pessoas que não amavam a Cristo, presente na Eucaristia.

Mesmo não conseguindo participar da missa devido aos compromissos da escola, ele jamais deixou de comungar espiritualmente. Importante ressaltar seu notável trabalho de apostolado entre seus colegas e amigos. Ensinava-lhes o Mistério Eucarístico com o uso das histórias dos mais conhecidos Milagres da Eucaristia, acontecidos ao longo dos séculos. Como discípulo de Jesus, o santo adolescente decidiu usar seu talento em informática para elaborar uma exposição internacional sobre os "Milagres Eucarísticos", com fotografias e narrativas históricas, com as quais exibiu 136 milagres eucarísticos ocorridos em diversos países do mundo e reconhecidos pela Igreja.

Era um devoto inegável de Nossa Senhora; recitava o Rosário todos os dias. Para renovar seu amor à Mãe de Jesus e pedir sua intercessão, Carlo se consagrava inúmeras vezes a Maria.

Sua intensa busca da vida eterna foi causa de muitos obstáculos, por parte de alguns de seus amigos, em aceitar seu modo contemplativo de viver.

Inicialmente, interpretada como uma simples gripe, Carlo adoeceu com leucemia do tipo M3, considerada a forma mais agressiva, em outubro de 2006. Foi internado na Clínica De Marchi de Milão, contudo, pelo agravamento da doença, transferiram o adolescente para o hospital São Geraldo de Monza. Poucos dias antes da internação, o virtuoso adolescente ofereceu sua vida a Jesus Cristo pelo Papa, pela Igreja e para ir diretamente para a Morada Celeste. Nesse hospital, um sacerdote administrou-lhe o Sacramento da Unção dos Enfermos. Sua morte cerebral aconteceu em 11 de outubro de 2006, e seu coração parou de bater às 6h45 de 12 de outubro; faleceu com apenas 15 anos.

A notícia de sua morte espalhou-se rapidamente; logo, uma multidão se dirigiu à casa de Carlo, para dar-lhe o último adeus. Seu funeral foi celebrado na Igreja de Santa Maria Segreta, em 14 de outubro de 2006. Quatro meses após seu falecimento, transferiram seus restos mortais para o cemitério municipal de Assis para atender sua vontade de permanecer na cidade do amado São Francisco.

Sempre autêntico em seu testemunho de fé pelo Evangelho, sua existência orienta os jovens a terem valores evangélicos, para anunciarem Cristo não apenas com palavras, mas, sobretudo, com o testemunho de vida. Sentia-se próximo de Cristo, e o agir de Deus em sua vida foi revelado em suas ações cotidianas, particularmente, no âmbito escolar, sendo exemplo de amigo caridoso com todos os alunos do colégio.

A mensagem de que há valores que vão além do momento presente e se programam ao futuro, deixada pelo São Carlo Acutis, mantém-se indispensável para a juventude de hoje: as modas passageiras e certas concepções não são princípios absolutos, mas pura ilusão destruidora da dignidade humana. Seu desejo para os jovens é de serem vigilantes e atentos para os verdadeiros interesses comerciais, sociais e políticos que almejam reduzir o homem a um brinquedo, fácil de ser manipulado e condenado a morrer no pecado.

Diante da violência, das guerras e dos males sociais, Carlo pede à juventude que confie em Cristo e no Evangelho. Somente assim, pela misericórdia divina, um mundo melhor será possível; basta depositarmos nossa vida nos braços do Pai. Para aqueles que estão desanimados o jovem santo indica a Eucaristia como a única fonte para recobrar o ânimo e a vontade de lutar, diante dos sofrimentos e das doenças. Cristo Eucarístico é a presença real de Deus entre os homens e a garantia de que nunca se está sozinho, ainda que tudo pareça desmoronar sobre si.

Carlo jamais acalmou seu coração antes de conseguir divulgar aos outros a extrema riqueza do amor infinito de Jesus, presente na Hóstia Santa. A vivência do jovem se direcionou pela participação da Missa, e, na impossibilidade, ele fazia questão da Adoração Eucarística. Precisamente por essa disposição em partilhar os mistérios da fé com os outros, Carlo pode ser definido como um autêntico missionário em todos os ambientes vividos, típicos de um adolescente: família, escola, esporte, lazer, viagens.

Em 5 de julho de 2018, o papa Francisco o declarou venerável. Em 5 e 6 de abril de 2019, seus restos mortais foram transladados para o Santuário do Despojamento, na Igreja de Santa Maria Maior de Assis. Anunciou-se sua beatificação quando a Igreja reconheceu um milagre realizado por Carlo a um menino brasileiro. A abertura para a beatificação de Acutis aconteceu em 2013, quando a família desse garoto do Mato Grosso do Sul declarou que a criança havia se curado de uma grave doença, após tocar em uma relíquia do jovem Carlo.

A beatificação de Carlo Acutis aconteceu na Basílica de São Francisco, na cidade italiana de Assis, em 10 de outubro de 2020, e foi chamado de Padroeiro da Internet.

O milagre que levou à canonização de Carlo Acutis envolveu a jovem costarriquenha Valeria Valverde, que sofreu um grave traumatismo craniano, em um acidente de bicicleta, na cidade italiana de Florença, em 2022.

A canonização de Carlo Acutis foi marcada para o dia 7 de setembro de 2025, em Roma.

Sua memória litúrgica é celebrada no dia 12 de outubro, por coincidência, dia de Nossa Senhora Aparecida, a Padroeira do Brasil.

Oração inicial

– Em nome do Pai, do Filho e do Espírito Santo.

– Amém!

– A nossa proteção está no nome do Senhor,

– que fez o céu e a terra!

– Ouvi, Senhor, minha oração!

– E chegue até vós o meu clamor!

– Vinde, Espírito Santo, enchei os corações dos vossos fiéis e acendei neles o fogo do vosso amor. Enviai vosso Espírito e tudo será criado! E renovareis a face da terra! Oremos: Ó Deus, que instruístes os corações dos vossos fiéis com a luz do Espírito Santo, fazei que apreciemos retamente todas as coisas, segundo o mesmo Espírito, e gozemos sempre da sua consolação. Por Cristo, Senhor nosso. Amém!

Oferecimento da Novena: Amado Jesus, presença real na Eucaristia, iniciamos esta novena a São Carlo Acutis, pedindo a luz do Espírito Santo. Conservai-nos na fé, dai-nos um coração aberto à humildade e sincero. Quisestes que São Carlo tocasse no coração dos jovens e de tantos homens e tantas mulheres, pelo exemplo de carinho com o próximo e pela alegria de viver somente para vós. Ó Deus Pai, que nos privilegiou com o testemunho apaixonante do jovem Carlo Acutis, que por sua intercessão possamos obter as graças necessárias para sermos sacrários vivos de Jesus Cristo *(pedir a graça a ser alcançada).* Senhor Deus, recebei minhas preces e convertei meu pobre coração pecador; que eu lute por um mundo mais fraterno, para que não haja lugar ao preconceito, à violência e dor, como fez nosso querido Carlo Acutis. Assim seja. Amém!

Oração final

Meu Jesus, terminando este dia de novena, eu quero vos bendizer as maravilhas que operais em nossa vida. Sabendo que deveríeis partir para junto do Pai, não nos deixastes abandonados à própria sorte, mas permanecestes presente na Eucaristia. São Carlo Acutis conservou em seu coração esse Amor, sendo exemplo para a juventude de cristão autêntico, praticando vossos mandamentos em seus poucos anos de vida. Sinto meu ser fortalecido e agradeço sinceramente as graças recebidas *(rezar 1 Pai-Nosso, 3 Ave-Marias e 1 Glória ao Pai)*. Senhor Deus, quero dedicar minha vida a serviço da Igreja e dos irmãos, como dedicou o jovem Carlo Acutis, por isso conduzi meus passos para ser digno de vossa misericórdia e de vosso perdão. Amém!

1º Dia

"NÃO EU, MAS DEUS"

1. Oração inicial *(p. 10)*

2. Palavra de Deus *(Gl 2,16-20)*

Abraçamos a fé em Jesus Cristo para sermos justificados pela fé em Cristo e não pelas obras da lei. Pois pelas obras da lei ninguém será justificado. Ora, se buscando nossa justificação em Cristo, acabamos sendo pecadores como os outros, será que Cristo está a serviço do pecado? Claro que não! Pois reerguendo o que eu tinha derrubado, convenço a mim mesmo de transgressão. De fato, pela lei morri para a lei, a fim de viver para Deus. Estou crucificado com Cristo, e já não sou eu que vivo: é Cristo que vive em mim.

– Palavra do Senhor.

3. Reflexão

Carlo Acutis mostrou, desde pequenino, sua maturidade ao entender que jamais se deve viver uma fé modelada para ser cultuada, aplaudida ou reconhecida.

Os doutores da Lei, homens religiosos da época de Jesus, mantinham uma postura desagradável aos olhos de Deus, pois gostavam de aparecer e de se destacar sobre os demais. Queriam os primeiros lugares para serem exaltados por suas obras superficiais.

Mas nosso apóstolo da internet, Carlo Acutis, praticou o bem sempre esclarecendo: "Não eu, mas Deus". Sim, nosso santo adolescente, com extrema espiritualidade, compreendeu que, se quisermos alcançar os Céus, devemos deixar de lado nosso orgulho e nossa soberba, praticando a caridade por amor a Cristo e não por engrandecimento pessoal.

A vida terrena deve ser sentida pelo pulsar do coração de Cristo, deixando o Espírito Santo pairar sobre nossa alma, para aceitar nossa missão com humildade e sem pretensão.

Aprendamos com Carlo Acutis a sermos justificados pela fé em Jesus Cristo, e não pelas obras terrenas realizadas entre os homens e para os homens. O verdadeiro cristão jamais trabalha para ser reconhecido, mas pelo amor ao próximo, fazendo boas ações para honra e glória do Altíssimo. Amém!

4. Oração final *(p. 12)*

2º Dia

"ESTAR SEMPRE JUNTO COM JESUS"

1. Oração inicial *(p. 10)*

2. Palavra de Deus *(Fl 2,5-11)*

Tende em vós os mesmos sentimentos de Cristo Jesus: apesar de sua condição divina, ele não reivindicou seu direito de ser tratado como igual a Deus. Ao contrário, aniquilou-se a si mesmo e assumiu a condição de servo, tornando-se semelhante aos homens. Por seu aspecto, reconhecido como homem, humilhou-se, fazendo-se obediente até a morte, e morte de cruz. Por isso Deus o elevou acima de tudo e lhe deu o Nome que está acima de todo nome, de modo que ao nome de Jesus todo joelho se dobre nos céus, na terra e debaixo da terra, e toda língua proclame que Jesus Cristo é o Senhor, para a glória de Deus Pai.

– Palavra do Senhor.

3. Reflexão

"Estar sempre com Jesus: esse é meu plano de vida." Com essas poucas palavras, Carlo Acutis determinou a direção de sua curta vida, compenetrado em manter a plena amizade com Jesus.

Para o bondoso adolescente, era pouco demais ir à Santa Missa somente alguns dias da semana. Seu contentamento estava em estar junto a Jesus Eucarístico, diariamente, ainda que fosse pela comunhão espiritual.

Nossa vocação é termos como ambição a amizade do Senhor: viver como amigos e irmãos pela causa do Reino do Pai. Todos nós cristãos recebemos o acesso total ao coração de Jesus. O destino dos amantes de Cristo sempre será transbordar de alegria por se sentirem na companhia do Senhor, noite e dia; é um dom precioso que Cristo selou conosco para sempre, desde sua vinda a este mundo pecador.

Por infelicidade, inúmeras vezes, não agimos como amigos de Jesus, pois nos afastamos dele por nossos pecados e nossas teimosias em querermos andar por caminhos tortuosos. Antes de pensar em nos distanciarmos do Senhor, pensemos em suas doces palavras, porque não somos chamados mais de "servos", mas sim de "amigos" (Jo 15,15).

Que tenhamos o mesmo projeto de vida de nosso amado Carlo Acutis, pedindo ao Senhor Deus a graça de permanecermos fiéis em seu amor, para sermos dignos de sua misericórdia e alcançarmos a salvação. Amém!

4. Oração final *(p. 12)*

3º Dia

"PEÇA A SEU ANJO DA GUARDA PARA AJUDÁ-LO CONTINUAMENTE"

1. Oração inicial *(p. 10)*

2. Palavra de Deus *(Lc 1,30-33)*

Disse o anjo Gabriel a Maria: "Não tenhas medo, Maria, porque Deus se mostra bondoso para contigo. Conceberás em teu seio e darás à luz um filho e lhe porás o nome de Jesus. Ele será grande e será chamado Filho do Altíssimo. O Senhor Deus lhe dará o trono de Davi, seu pai, e ele reinará para sempre na casa de Jacó. E seu reino não terá fim".

– Palavra da Salvação.

3. Reflexão

A proteção divina está conosco desde a hora em que fomos gerados no ventre materno. Nesse momento, ganhamos do Pai uma existência e também um eterno defensor: nosso Anjo da Guarda. Esse ser imaculado, a serviço do Senhor, é o selo da presença de Deus em nosso meio, graça constante e atuante em nossa vida.

Além de estar unido a Cristo, São Carlo Acutis estava ligado intimamente a seu protetor celestial. Pedia a seu anjo ajuda diária nos obstáculos inerentes a sua fase da vida, para não o deixar cair nas tentações deste mundo tão individualista, que também lança as armadilhas do desânimo e do desespero nos corações mais jovens.

Devemos manter-nos apegados a nosso Anjo da Guarda, precisamos viver como as crianças na pureza e mansidão. Quanto mais puros formos, mais sentiremos tocados pela presença angelical, no dia a dia, diante de nossas aflições.

Se não empenharmos em manter uma vida de oração e de amor a Deus, não poderemos cultivar uma íntima ligação com nosso anjo protetor. Somos pecadores, mas estamos na companhia desses seres magníficos, que nos auxiliam a combater o mal e o pecado.

Façamos o que nos pede Carlo Acutis: "Peça a seu Anjo da Guarda para ajudá-lo continuamente, de modo que ele se torne seu melhor amigo". Por isso, invoquemos nossos anjos da Paz na batalha espiritual contra satanás. Consagremos a vida em suas mãos, sobretudo, mantendo uma vida santa. Desse modo, viveremos em comunhão total com nossos amigos sagrados, que, além de companheiros, são presentes do amor de Deus para nossa vida. Pensemos nisso!

4. Oração final *(p. 12)*

4º Dia

"NOSSA ALMA É COMO UM BALÃO..."

1. Oração inicial *(p. 10)*

2. Palavra de Deus *(Sl 62,2-5.9)*

Ó Deus, vós sois meu Deus, desde a aurora vos procuro. De vós tem sede minha alma, anela por vós minha carne, como terra deserta, seca, sem água. Assim no santuário vos contemplei, para ver vosso poder e vossa glória. Pois vossa bondade vale mais que a vida, meus lábios proclamarão vosso louvor. Assim vos bendirei enquanto eu viver, em vosso nome erguerei minhas mãos. A vós minha alma está unida, vossa mão direita me sustenta.

– Palavra do Senhor.

3. Reflexão

"O balão necessita de descarregar os seus pesos para poder elevar-se. Assim também a alma, para chegar ao céu, precisa remover até as pequenas cargas, que são os pecados veniais", dizia Carlo Acutis.

Sabemos que os pecados veniais são aqueles menos graves, os quais não ocasionam a perda do estado de graça, embora sejam também danosos à espiritualidade. Ao contrário dos pecados mortais – atos pecaminosos contra os Mandamentos da Lei de Deus –, os pecados veniais não chegam a quebrar a aliança com Deus.

Mesmo se tratando de pecados mais leves, o apóstolo da internet jamais deixou se contaminar por tais atos, cuidando do templo do Espírito Santo. Carlo tinha a convicção de que, se os cometemos, esses pequenos deslizes, enraizados a nossa alma, aos poucos, aniquilam nosso vigor espiritual, desanimando-nos da prática da caridade e das virtudes. Ele temia que, embora fossem leves, esses pecados prejudicassem a ligação com Deus, e por conseguinte, conduzissem-no aos pecados mortais. E ele estava totalmente certo!

Quanta sensatez para um adolescente e que admirável santidade para um garoto! Sim, nossos pensamentos e nossas atitudes devem se amparar no estilo de vida de Carlo Acutis.

Peçamos a Cristo a força divina para arrancarmos o peso que aprisiona nosso "balão da alma" de lançar voos, cada vez mais altos. Por isso a mudança de atitude deve começar agora, Ele nos chama à Morada do Pai; somente cabe a nós responder a seu chamado com um "sim" de conversão, renunciando todo projeto maligno, que fere nosso ser e nosso irmão.

4. Oração final *(p. 12)*

5º Dia

"A FELICIDADE É SEU OLHAR PARA DEUS"

1. Oração inicial *(p. 10)*

2. Palavra de Deus *(Jr 17,7-10)*

Bendito o homem que confia em Javé e cuja confiança é Javé. Ele é como árvore plantada à beira d'água, que estende para o riacho suas raízes; não teme quando vem o calor, suas folhas permanecem verdes; no ano da seca não se inquieta, nem deixa de dar frutos. Enganoso mais que tudo é o coração, e sem remédio; quem pode conhecê-lo? Eu, Javé, sondo a mente e provo os corações, para retribuir a cada um conforme seu proceder, segundo o fruto de suas ações.

– Palavra do Senhor.

3. Reflexão

Quantas vezes nos fechamos em nosso mundo, presumindo que tudo gira a nossa volta? Esquecemo-nos de estender a mão ao vizinho necessitado, de amparar o doente solitário, de dar comida ao morador de rua... Temos tudo o que desejamos, mas somos infelizes. Por que isso acontece?

A resposta está nesta frase de São Carlo Acutis: "A tristeza é o olhar voltado para si mesmo, a felicidade é o olhar voltado para Deus". Sim, quando muitos se esquivam de ajudar a quem tanto necessita, o vazio existencial vai tomando conta de si, pois não há alegria sem Deus, e Ele está na pessoa do irmão sofredor.

Carlo nunca deixou esquecido seu lado humanitário. Sentia-se feliz em poder contribuir com seus amigos, fosse com alguma dificuldade na informática ou qualquer outro problema. Sim, seu sorriso expressivo denotava seu amor sincero por Jesus. Ajudando ao próximo, ajuda a si mesmo para o encontro definitivo com o Pai.

Impossível conquistar a felicidade plena se não volvemos nosso olhar para Deus, pois uma vida sem compaixão e caridade é como um terreno pedregoso, incapaz de fazer germinar a semente da amizade com nosso Senhor.

Que jamais nos iludamos com os prazeres momentâneos, achando que somos realmente felizes sem a presença de Deus. Somente o Pai conhece nosso coração, e a chave da felicidade não se encontra neste mundo, apenas a obteremos dos Céus, pela caridade e pelo amor dedicado ao próximo. Reflita!

4. Oração final *(p. 12)*

6º Dia

"A ÚNICA COISA QUE NÓS TEMOS DE PEDIR A DEUS NA ORAÇÃO"

1. Oração inicial *(p. 10)*

2. Palavra de Deus *(1Pd 1,13-16)*

Depois de ter preparado vossa mente para agir, sede vigilantes e esperai plenamente na graça que vos será dada pela revelação de Jesus Cristo. Como filhos obedientes, não sigais os maus desejos de outrora, quando estáveis na ignorância, mas, assim como é santo aquele que vos chamou, tornai-vos santos vós também em toda a vossa conduta, porque está escrito: "Sede santos, porque eu sou santo".

– Palavra do Senhor.

3. Reflexão

Desde os primeiros anos de vida, Carlo Acutis começou a entender o grandioso projeto de Deus para sua vida: ser um filho consagrado e santo. Para toda a humanidade, esse divino projeto se revela, mas poucos se deixam tocar pelo amor incondicional do Pai, vivendo a graça da santidade ainda na terra. Nascemos para um mundo cercado de armadilhas, muitas vezes, desviamos dos desígnios do Pai, pois abrimos a porta do coração para a inveja, a soberba, a luxúria e a violência.

Diariamente, Cristo nos convida a sermos santos, mas necessitamos estar em sintonia com Ele pela oração, como fazia Carlo Acutis. Para nosso jovem santo, a "única coisa que nós temos que pedir a Deus na oração é a vontade de sermos santos". Ele aceitou sua missão, pedia ao Espírito Santo a Sabedoria para discernir o que favorecia e o que contrariava a vontade do Pai. E assim fez!

Meditemos no silêncio do coração se estamos vivendo a santidade, afastando-nos dos maus pensamentos e das más ações, oferecidos pelo mundo. Certamente, ainda estamos longe do privilégio de sermos santos, mas nunca é tarde para recomeçar. A mudança tem de começar dentro de nós, depois dentro de nossos lares, para finalmente a sociedade ser transformada.

Vamos prometer a nós mesmos que jamais perturbaremos nosso coração com erros e omissões do passado, pois agora é o momento de procurarmos nos importar somente com a caridade, caminho essencial à santidade.

Que sigamos os passos de São Carlo Acutis, repudiando qualquer forma de profanação do corpo e da alma. Em nossas orações, peçamos a Jesus Cristo enviar seu Santo Espírito; e, iluminados com os sete dons, nós nos manteremos firmes nesse propósito e alcançaremos a santidade, antes de sermos chamados para junto do Pai. Amém!

4. Oração final *(p. 12)*

7º Dia

"A VIRGEM MARIA É A ÚNICA MULHER DE MINHA VIDA"

1. Oração inicial *(p. 10)*

2. Palavra de Deus *(Lc 1,46-49)*

Disse Maria a Isabel: "Minha alma engrandece o Senhor e meu espírito se alegra em Deus, meu Salvador, porque Ele olhou para sua humilde serva; pois daqui em diante todas as gerações proclamarão que sou feliz! Porque o Todo-Poderoso fez por mim grandes coisas e santo é seu nome".

– Palavra da Salvação.

3. Reflexão

Um aspecto relevante do percurso espiritual de Carlo Acutis, além de seu amor imensurável por Jesus Eucarístico, era seu afeto pela Virgem Maria, definida por ele como a única mulher de sua vida. Que magnífica declaração de amor à Mãe do Senhor, uma prova de autêntico carinho que sempre se concretizou pela recitação do Santo Rosário, um compromisso reverencioso jamais esquecido por ele.

Sua devoção a Nossa Senhora de Lourdes e de Fátima crescia com o passar do tempo, tanto que consagrou sua vida aos cuidados de Maria inúmeras vezes, principalmente em suas visitas aos santuários dessas localidades.

Aquele santo adolescente muito amou a Mãe de Jesus, porque sabia que, ao exaltar a Virgem Maria, glorificava a obra admirável que Deus realizou na vida dela: ser o tabernáculo vivo para trazer ao mundo o Salvador.

Por intermédio de Maria Santíssima, muitas graças recebemos em nossa vida, pelo poder do Altíssimo. Por isso peçamos com fervor a Nossa Senhora e a São Carlo Acutis que intercedam pelo mundo inteiro, principalmente, por nossas crianças e nossos jovens, para que jamais desistam de lutar por uma sociedade melhor.

Que a presença de Cristo renove o coração da juventude, que ela siga o exemplo cristão desse adolescente, que não se deixou enganar por modismos e tendências destruidoras das virtudes humanas, e assuma o compromisso de levar o Evangelho aos jovens perdidos no caminho do pecado. Amém!

4. Oração final *(p. 12)*

8º Dia

"A EUCARISTIA É MINHA ESTRADA PARA O CÉU"

1. Oração inicial *(p. 10)*

2. Palavra de Deus *(Mt 26,20.26-28)*

Ao cair da tarde, Jesus se pôs à mesa com os Doze. Enquanto comiam, ele tomou um pão, pronunciou a bênção, partiu-o e deu-o aos discípulos, dizendo: "Tomai e comei, isto é meu corpo". Depois tomou um cálice, deu graças e passou-o a eles, dizendo: "Bebei dele todos, pois este é meu sangue, o sangue da aliança, que é derramado por muitos para a remissão dos pecados".

– Palavra da Salvação.

3. Reflexão

São Carlo Acutis muito amou a Jesus Sacramentado, tanto que se dedicou a pesquisar sobre os Milagres Eucarísticos. Sua magnífica exposição de fotografias e descrições históricas sobre as manifestações divinas da Eucaristia já percorreu os cinco continentes, sendo também exposta nos mais conhecidos santuários marianos do mundo, como Guadalupe, Lourdes e Fátima.

Hoje, o santo jovem está junto de Cristo, nosso Eterno Amor, que se ofereceu em alimento verdadeiro por seu Corpo e Sangue. Carlo deixou-se seduzir pelo Senhor Jesus, esteve sempre convicto de que a presença de Cristo na Hóstia Santa não deve ser jamais entendida como puramente espiritual, mas é a presença real do Filho de Deus em nosso meio.

Carlo fazia questão de explicar a seus amigos sobre o poder transformador da Eucaristia. Ensinava o quanto o ser humano precisa mergulhar na profundidade desse mistério se quiser conquistar a felicidade completa com Cristo, no Reino dos Céus.

Nem mesmo a leucemia foi capaz de roubar o afeto e o carinho de Carlo pela Sagrada Eucaristia, ao contrário, quando recebeu o diagnóstico da terrível doença, ele declarou: "Eu ofereço todo o sofrimento que hei de ter pelo Senhor, pelo Papa e pela Igreja".

A exemplo do apóstolo da internet, que deixemos de lado as incertezas desta vida, nossos medos e nossas decepções e permitamos que Jesus Cristo habite em nosso coração.

Que pela Eucaristia Ele possa ressuscitar nossas forças perdidas neste mundo traiçoeiro. Adorado e glorificado seja eternamente o Senhor, resplandeça em nossa alma seu amor e purifique-nos de todo pecado. Assim seja. Amém!

4. Oração final *(p. 12)*

9º Dia

"VIVI MINHA VIDA SEM PERDER NENHUM MINUTO EM COISAS QUE NÃO AGRADAM A DEUS"

1. Oração inicial *(p. 10)*

2. Palavra de Deus *(Fl 1,21-26)*

Porque, para mim, viver é Cristo e morrer é lucro. No entanto, se viver neste corpo significa trabalhar com fruto, já não sei o que escolher. Sinto-me apertado dos dois lados: de um, o desejo de morrer para estar com Cristo, o que é muito melhor; mas, de outro lado, continuar vivendo é mais necessário para vosso bem.

Disto estou convencido: sei que vou ficar e permanecer perto de vós todos para vosso progresso e para alegria de vossa fé, a fim de que vosso orgulho a meu respeito cresça sempre mais em Cristo Jesus, com minha nova vinda até vós.

– Palavra do Senhor.

3. Reflexão

Um amigo de Carlo Acutis revelou à imprensa: "No enterro, havia vários imigrantes, alguns muçulmanos e hinduístas. Eu acho que Carlo os tinha conhecido em seus passeios de bicicleta pelo bairro, quando ele parava para conversar com os porteiros, quase todos estrangeiros. Perto de nossa casa havia um sem-teto. Carlo sempre levava comida para ele. Uma vez, ele deu um saco de dormir para um idoso que dormia em uma caixa de papelão. Ele doava suas mesadas para os frades capuchinhos".

Diante da iminente morte, assim escreveu Carlo Acutis: "Eu estou feliz de morrer, porque vivi minha vida sem perder nenhum minuto em coisas que não agradam a Deus". Quanta serenidade para um jovem de 15 anos aceitar com resignação seu destino! Sim, ele estava feliz, estava jubiloso, pois o dia de encontrar-se com Jesus estava chegando.

Neste dia, terminamos nossa novena a São Carlo Acutis, mas a missão continua... Necessitamos de rezar por nossas famílias, especialmente pelas crianças e pelos jovens.

Atualmente, a juventude depara-se com falsos conceitos morais e espirituais, muitas vezes, divulgados pela internet e pela TV. Não se pode deixar dominar pela má influência das mídias sociais, não se deve preferir frívolos relacionamentos virtuais ao encontro com os amigos na praça, jamais se deve permitir que o pecado da superficialidade seduza o corpo e a mente.

Aprendamos com as virtudes de Carlo Acutis para seguirmos os passos de Jesus, fazendo o bem aos necessitados, sendo cristãos autênticos e o amparo aos jovens perdidos no caminho da vida.

São Carlo Acutis, roga por nós e intercede junto de Deus Pai para sermos uma sociedade mais unida, humana e fraterna. Amém!

4. Oração final *(p. 12)*

Este livro foi composto com as famílias tipográficas Avenir, Bellevue e Calibri e impresso em papel Offset 75g/m² pela **Gráfica Santuário.**